सफ़र ए ज़िंदगी

Priyanka Sonvane

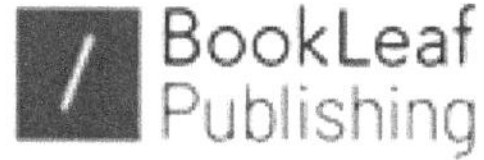

Presentation by *BookLeaf Publishing*

Web: www.bookleafpub.com

E-mail: info@bookleafpub.com

ISBN: 9789357444903

First edition 2021

DEDICATION

This book is dedicated to the one person who meets me each day without fail. Who is standing all alone with me in all my miseries. Who was standing with me when my skies were gray and also when I was on cloud nine with immense happiness. Who understands me like no one else. Who is there for me in every ups and downs. Even when the road is tough, the weather is dry, the storm is high, there is only this person who stands with me in every highs and lows. This person is my strength, my happiness, my pain , my love, my laughter, my company, my loneliness, my inspiration, just my everything and every emotion. I can just call you my home where I feel the real me.

And this is no one but the one whom I meet and see everyday without a fail in the mirror. I got a chance today to shout out to this world that I LOVE YOU.

ACKNOWLEDGEMENT

Remember, I love you and will love you forever. It is the only constant of my life now. To all my readers out there I would like to say that I love you all through my heart because I want that love, that affection back from you. There is a famous saying, "The more you give love, the more this universe returns it to you in different forms". Just open your arms to give as much as you can and be ready to receive it in different stages of life. Believe in yourself and love yourself a little more.

PREFACE

This book is a collection of some short poems which itself become a full story. So instead of writing the story I choose to write it in the poetry form so that everyone reading this enjoys it in some unique way. Once you start I must say you can not stop it in between. I would like to say here that just read and enjoy the rollercoaster of feelings, emotions, heartbreak and gaining confidence again.

समुंदर-ए-ज़िंदगी

समुंदर-ए-ज़िंदगी कुछ ऐरी है हमारी,
ना तैर सके ना पार कर सके।
ख्वाइशों का बोझ था,
उन्हें साथ भी लेकर चलना था,
ना वो साथ आए ना उनके साथ चल सके।
पार तो किया उस समुंदर को जो बताएगी
आपको आज,
Piya लिख रही है अपना दिल यहां आज।

वो थे बिलकुल पत्थर से,
और हम पानी।
पत्थर पर पानी छोड़ता है अपने निशान,
हमें भी था यकीन के हम बसेंगे ज़हन में उनके।

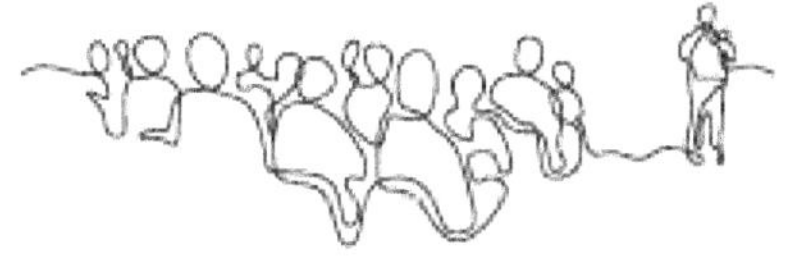

शुरुआत

शुरुआत हुई फिर इस नए रिश्ते की....

जो कल तक थे अनजाने
आज लग रहे है जाने पहचाने।
कैसा रिश्ता है अंजाना,
बंध गए एक कच्ची डोर से,
रखना है संभाल कर इसे,
उलझने ना देगी इसे।
किया है वादा Piya ने खुद ही से।

उसने भी :

हमसे कुछ यूं पाक मोहब्बत की,
क्योंकि जिस्मों की नहीं, मोहब्बत ये रूहों की थी।

हमें महसूस हुआ फिर :

कुछ तो हुआ है,
क्यों हुआ,
कब हुआ है, पता नही।
कोई अजनबी आया है जिंदगी में,
तब से सब कुछ बदला हुआ है
तब से सब कुछ बदला हुआ है।

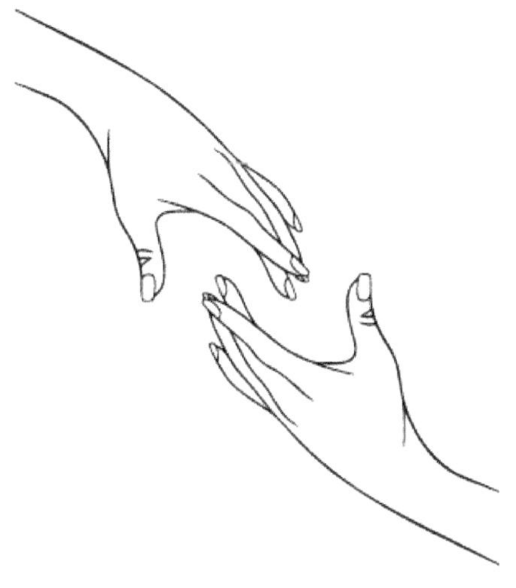

मोती

एक दिन जब बैठे थे दोनो एक नदी किनारे हाथों को
थाम कर उसके, उस से कहा Piya ने :

सुनो:
मोतियों की तरह पिरोया है मैंने तुम्हे मुझमें,
ध्यान रहे,
टूटे अगर हम तो,
बिखर तुम भी जाओगे।

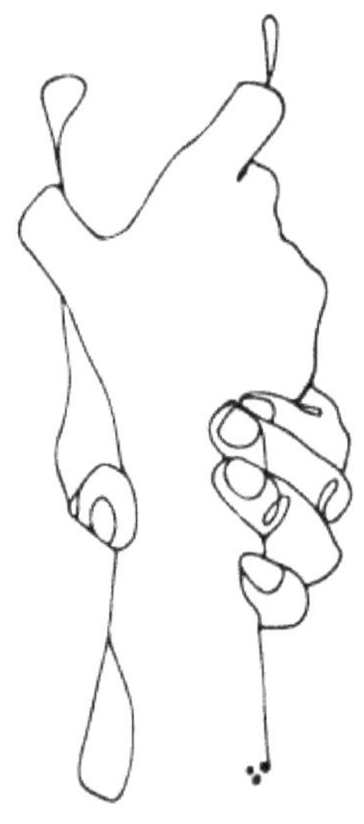

ज़िद

मुलाकाते होती रही हमारी,
कभी शहर की गलियों में,
कभी पेड़ की छाव में।
बातें हुई ढेर सारी,
सपने भी बुने हजारों।
हर एक सपने को पूरा करने की ज़िद,
हर एक मुश्किल में साथ रहने की ज़िद।

वो मुझे कहता था :

हमारी सुबह की किरणों में तुम हो,
दोपहर की धूप में और साए में तुम हो।
रात के सन्नाटे में तुम हो,
हमारे हर एक पल में तुम हो।

फिर हमसे पूछा :

क्या हम भी बसे है ऐसे ही तुम्हारे ज़हन में?

जवाब हमने दिया कुछ यूं :

तुम्हे पाकर छाया है ऐसा सुरूर,
तुम बन गए हो मेरा गुरूर।
मुझ में तुम समाए हो ऐसे,
सागर में जैसे मिल जाए कोई नदी जैसे।

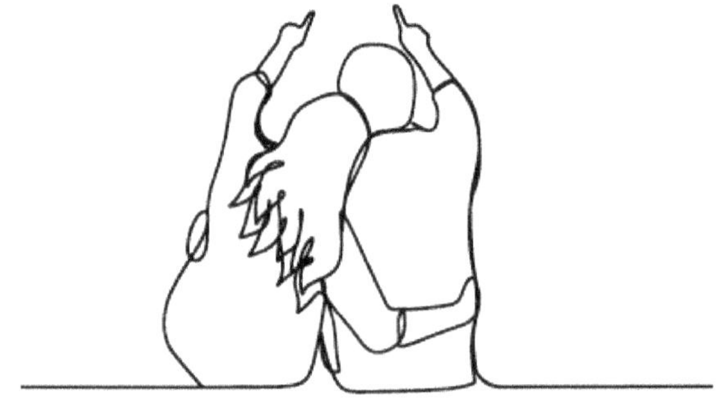

सफ़र

फिर ये सफर रुका एक दिन,
एक मोड़ पे।
राहें थी अलग जहां से दोनो की,
हम कहते जाना इधर,
वो कहते जाना उधर।

दोनो ने समझाया एक दूसरे को काफी।
लेकिन "अगर वो नही समझता तो मैं क्यों?"
"अगर वो नही समझती तो मैं क्यों?"

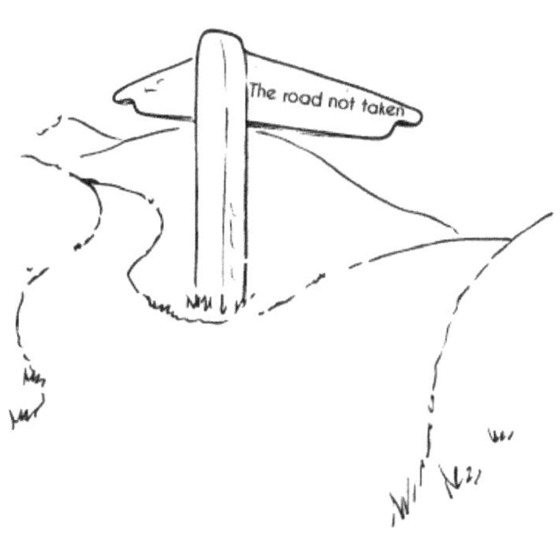

गुरूर

एक बात सीखी हमने,
कभी इश्क़ ना करने की।
गुरूर तोड़ना लाज़मी है,
ज़िद छोड़नी लाज़मी है।
पर हर बार आपको ये करना पड़े,
ये कभी लाज़मी नही।

हमने भी कहा :

आप जाओ जहां जाना है,
कोई हमसा ना मिलेगा देखो।
मिलेगा भी तो हमसा इश्क़ ना करेगा देखो।

अभी भी हमें गुरूर था हमारे किए इश्क़ पर,
क्यों न हो भला आप ही बताओ।

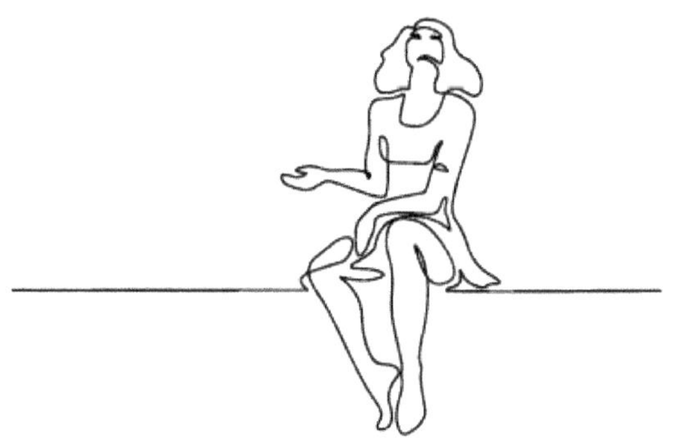

मोड़

वो कुछ यूं छोड़ कर गए हमें,
कि पीछे मुड़कर भी ना देखा।
हां कहते गए एक बात हमें ....
पीछे अगर मुड़े तो ना रोक पाएंगे खुदको जाते हुए,
और अब साथ में ये सफ़र मुमकिन नहीं।
जाते जाते सलाह देते गए कि चाहे दूर रहे,
कभी मिल ना पाए,
लेकिन खुश रहना हमेशा...
खुश अगर तुम रही,
हम भी हंसते रहेंगे तभी।

उस पल में तोड़े सारे नाते उन्होंने हमसे ऐसे,
कुछ था ही नही हमारे बीच कभी जैसे।

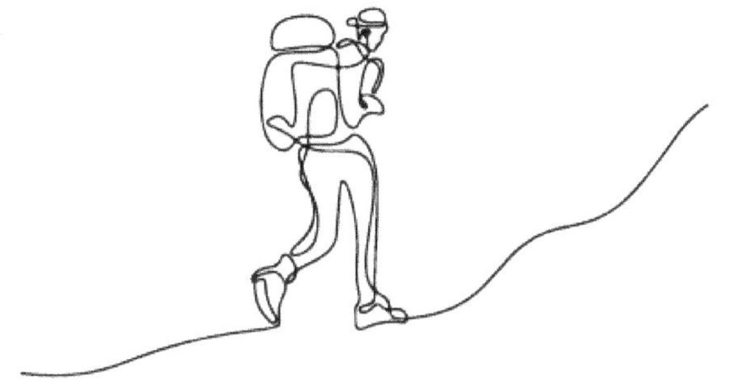

टूटना

वो दूर होते गए,
प्यार दूर होता गया।

वो चलते गए आगे,
हम छूटते गए पीछे।

वो खोते चले गए,
प्यार दूर होता गया।

कांच की तरह टूटना चाहते थे हम,
उन्हें सीने से लगाकर,
बस बरसना चाहते है,
रोना चाहते है।

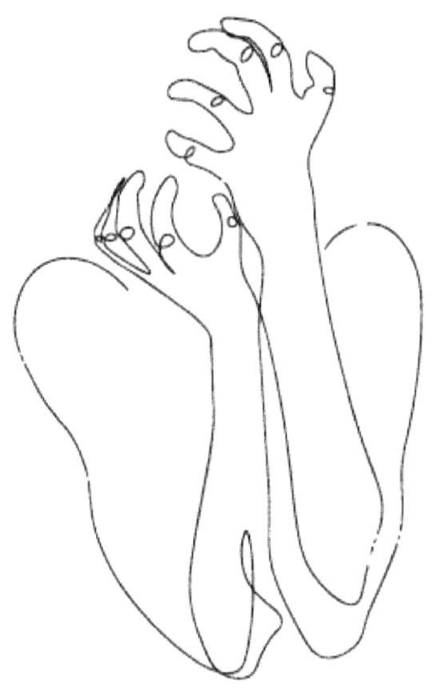

दूरी

हमारे पास बस हम थे और उनकी यादें,
खुदको समझाया कुछ ऐसे :

दूर हम नज़रों से है,
दिल से नही।
ये दूरी बस निगाहों की है,
दिलों की नहीं।
वो भी बिलकुल तड़पते होंगे
हमारे इश्क़ में ऐसे।
हम जले जा रहे है जैसे कतरा कतरा।

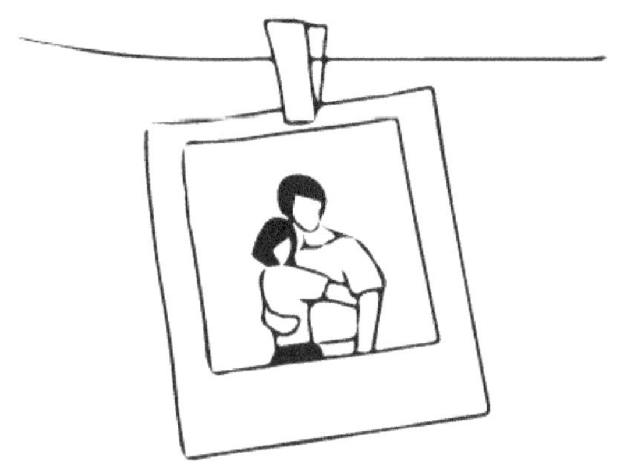

यादें

आज कल वो रहते है दिल के किसी कोने में,
जिसे अब खोना कभी मुमकिन नहीं।
इन निगाहों ने कैद कर लिया है उन्हे,
जहां से उनका निकल पाना अब मुमकिन नहीं।

हम भी आगे बढ़ चुके अब सब कुछ दफना के इस
दिल में,
बांट दिया अब सारा वक्त अपने दूसरे कामों में।
बस वो जो शाम थी उनके नाम की,
आज भी हम गुजारते है उनकी यादों के साथ।

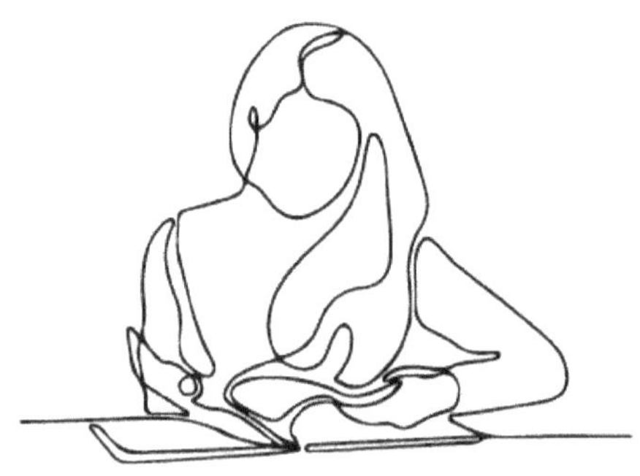

नया सफ़र

फिर यूं तो ना हुआ कि कोई हमें मिला नहीं
आए तो कई ज़िंदगी में
मैं ही किसी के करीब गई नहीं।
एक तेरी ही कमी थी मुझे,
जो किसी के भी होने से कम हुई नहीं।

हमें अब कुछ डर सा लगने लगा है इन गुलाबों से,
कांटे जो छुपे होते है इनमे कहीं।
पर मोहब्बत है उनकी खुश्बू से,
ये भी तो सच से कुछ कम नहीं।

अब तो रोना भी गवारा हमें नहीं,
थक चुके है समझाते हुए सभी को।
अब जब ज़िक्र होता है हमारे आंसुओ का कभी,
बस मुस्कुरा देते है हंसकर यूंही।

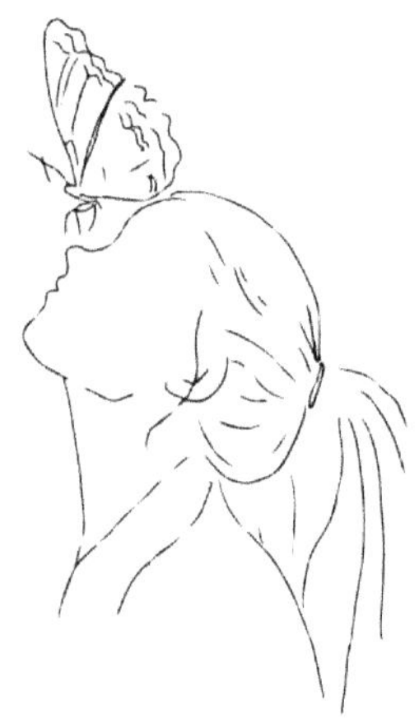

गम

हद से ज़्यादा खुशी
जैसे नम करती है आंखे।
हमें हद से ज्यादा गम
हंसी दे जाता है।

लेकिन आज भी :
उस तकिए से जब लिपटे रातों में,
बाहों का एहसास आपका होता है।
उस चादर की हर एक सिलवट में,
खुश्बू का आपकी एहसास हमेशा होता है।

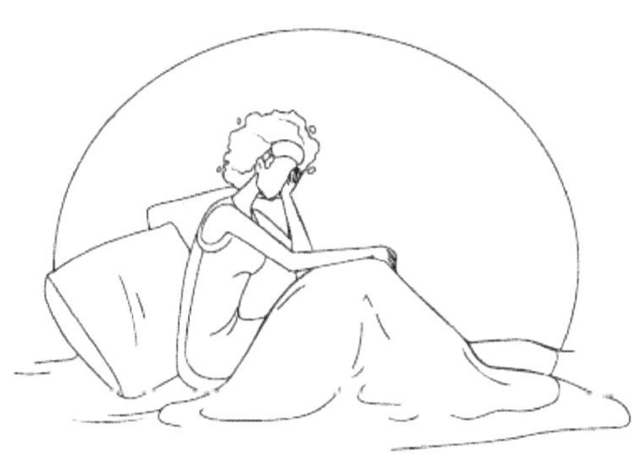

दोस्ती का पड़ाव

यूं ही काटे जा रहे थे ज़िंदगी,
राहों में मिला एक दोस्त...
था थोड़ा ज़िद्दी,
पागल सा।
कहता था :
दोस्ती भी ज़रूरी है ज़िंदगी में जनाब,
चाय की तलब बुझाने आधी रात को आशिक़
नही आया करते।

उस से दोस्ती की शुरुआत ही दर्द से हुई कुछ इस
तरह,
सर्दी की सुबह में ठंडी हवा हो जिस तरह।
वो सर्द हवा भी पहले सताती फिर मन को भाती है,
रंग लायेगी ये झगड़ो से भरी दोस्ती भी इस तरह।

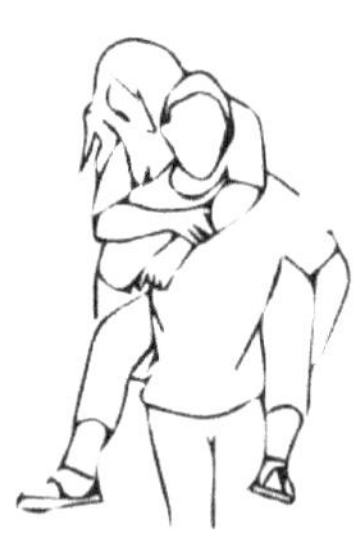

इश्क़ का मतलब

कहता था वो :

इश्क़ को पा लेना या मिल जाना काफ़ी नहीं,
ज़रूरी है तो बस बेहिसाब, बेमतलब, बेशुमार
इश्क़ करते रहना।

जब से तुम छोड़ दोगे पाने या खोने की ज़िद,
इश्क़ तुम्हारा होगा मुक्कमल उस दिन।

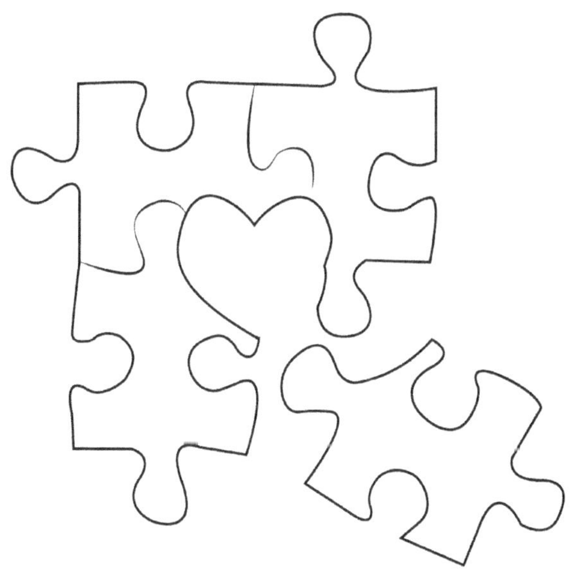

नई शुरुआत

फिर उस रात मैंने
चादर की सारी सिलवटें निकाली,
तकिए से उसका एहसास निकला।
कहा फिर उस से :
जा सनम तेरे इश्क़ का नशा
अब हम पे चढ़ता नहीं।
उसे उतारने को बस अब इन लबों ने
मुस्कुराहट का सहारा ले लिया।

बेपनाह मोहब्बत आज भी है हमें उनसे,
बस अब बदले में इश्क़ मिलने की ज़िद छोड़ दी।
और बस इस दोस्त की वजह से ही
उनसे हम बेवजह, बेइंतहा और बेहिसाब
मोहब्बत कर पाए है।

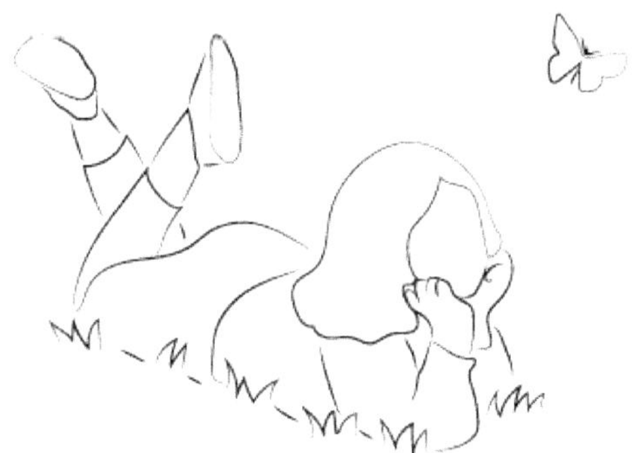

खुशी की किरण

आजकल हम खुश रहा करते है,
हां दिल से खुश...
ना उनके जाने का गम और,
ना ही कोई शिकायत उनसे।
बस एक इश्क़ है जो था, है और रहेगा
हमेशा... हमेशा के लिए।

हमने कुछ यूं गुजारे दिन और कई साल...

कुछ लम्हें बीते,
कुछ दिन बीते...
बीते कुछ महीने और साल।
कुछ सपने देखे,
कुछ ख्वाईशे बुनी...
कुछ गिने तन्हाई में तारे हज़ार।
वो जो दोस्त था,
वो जो करीब था..
हमेशा था दिल के पास।
वो हिम्मत था,
उसके कंधे पे हमने
आंसू बहाए हज़ार।

उसी ने सिखाया मुस्कुराना फिर से,
उसी ने सिखाया इश्क़ फिर से...
इस बार मैंने सीखा इश्क़ करना खुदसे।

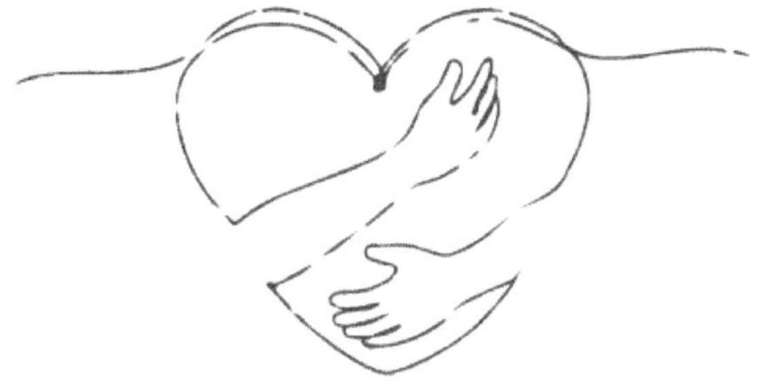

ढलती शाम

बैठे थे एक दिन फिर से किनारे समुंदर के,
देखते हुए उस ढलते सूरज को,
अपने उसी दोस्त के साथ,
हम बस अपने आप के साथ।
हां सही पढ़ा आपने,
हम ही थे वो हमारे दोस्त।
हमने ही संभाला था हमे...
उस शाम वो ढलता सूरज
एक उम्मीद नई हम में जगा रहा था।
उस ढलते सूरज का क्षितिज में खो जाना,
और हमें हमसे ही मिला जाना।
एक मुस्कान लबों पे ऐसी आई,
कि हर गम की हुई विदाई।

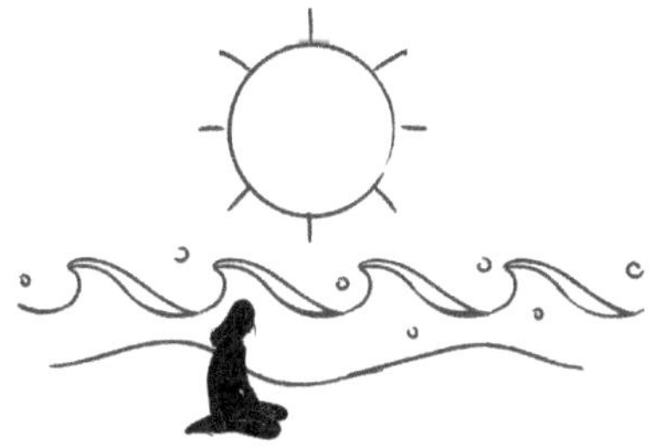

उभरती मैं

ये बात सिखाई भी हमें हमारे इश्क़ ने ही थी,
कि चाहे जो हो जाए...
इस जहां में एक बस तुम खुद ही हो
जो खुद को संभाल सकते हो।

Piya ने खुद को पाया Piya में,
खो गई थी जो एक अरसे से कहीं।
उस ढलते सूरज ने
आज फिर ढूंढ निकाला है उसे।

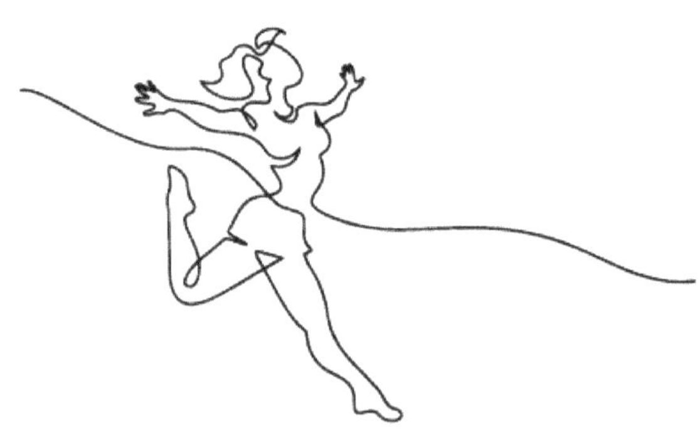

एक सलाह

तो सुन लो और याद रखो....
वो आपका एक दोस्त आप खुद हो,
जो समझते और समझाते हो,
हर लम्हा, हर पल
आपको आपसे मिलवाते हो।

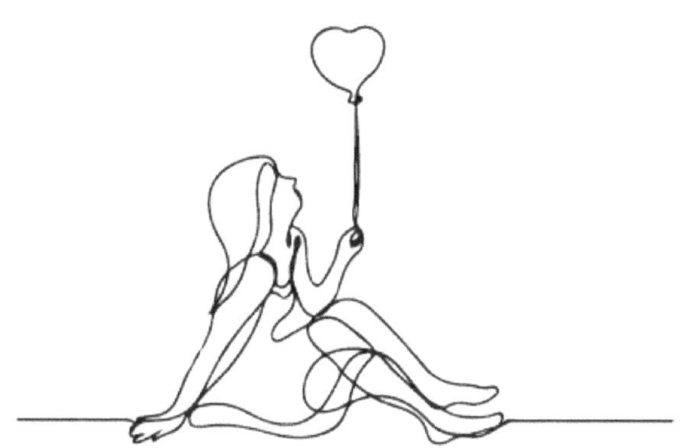

याद रखना हमेशा

फिर चलो मेरे साथ ये वादा करो...
आईने में दिख रहे इस इंसान से..

आओ ज़रा खुद से आज ये वादा करे,
खुद को खुद थोड़ा और ज़्यादा प्यार करें।
कोई और हमें पसंद करे न करे,
हम खुद ही से थोड़ा और इश्क़ करें।
खुदगर्जों वाली इस दुनिया में,
थोड़ा हम खुद ही में झांक लें।

आओ खुद ज़रा खुद से ये वादा करें,
खुद को खुद थोड़ा और ज़्यादा प्यार करें।
खुद को खुद बेइंतेहा मोहब्बत करें...
खुद को खुद बेहिसाब इश्क़ करें....

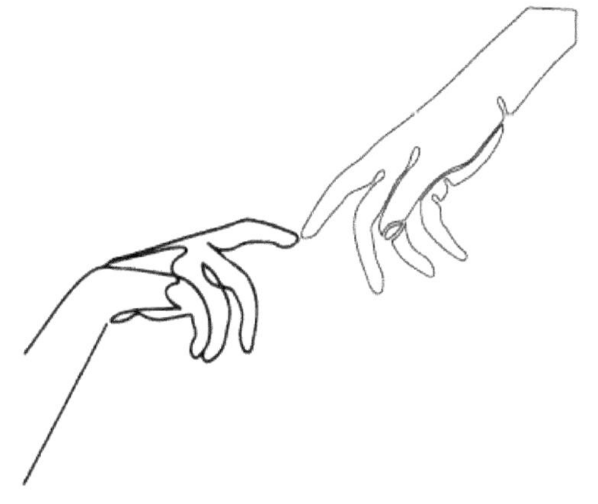

www.ingramcontent.com/pod-product-compliance
Lightning Source LLC
LaVergne TN
LVHW021327200726
843509LV00014B/2431